说明

因为想用简单的中华经典作为孩子的启蒙读物，发现了并没有合意的材料，于是就按照自己的喜好选出50首古诗，40首古词，20篇古文，并选取了一些经典国画作为插图，制作了这样一套《古诗古画50首》、《古词古画40首》和《古文古画20篇》。希望这样一种图文形式能帮助孩子们更好的体会中国古典文化的优美，爱上中国经典诗文和国画艺术。诗歌的选择注释参考了不同的网站，主要有百度百科和古诗文网，特此鸣谢。

这本书面向亲子阅读，也就是需要家长或老师给孩子们作必要的解释说明，所以只对成人不易理解的地方做了注释。这套书有“**注音版**”和“**无注音**”两个版本，均可在所在国的Amazon网站上购买（不含中国大陆地区）。请根据需要选择您需要的版本。

配图的选择，尽可能兼顾图文内容的契合。不过因为不是专门为文字配的图，细节可能有所偏差。只能希望至少意境可以大概吻合。画面根据需要做了不同程度的剪切。希望了解完整画作的朋友请查找原作。画家及画作名称也尽笔者最大可能做了标注。

制作过程一直在美丽的诗歌和国画意境里浸泡，真是一种精神享受。然而笔者能力有限，错误在所难免，恳请大家指正。谢谢。

慢兔

Email: slowrabbit.books@gmail.com

Wechat: littleisknown

目录

陋室铭

lòu shì míng

liú yǔ xī táng

刘禹锡（唐）

shān bù zài gāo yǒu xiān zé míng shuǐ bù zài shēn yǒu lóng zé líng sī shì lòu shì wéi wú dé xīn tái hén shàng jiē lǜ cǎo sè rù lián qīng tán xiào yǒu hóng rú wǎng lái wú bái dīng kě yǐ tiáo sù qín yuè jīn jīng wú sī zhú zhī luàn ěr wú àn dú zhī láo xíng nán yáng zhū gě lú xī shǔ zǐ yún tíng kǒng zǐ yún hé lòu zhī yǒu

山不在高，有仙则名；水不在深，有龙则灵。斯是陋室，惟吾德馨。苔痕上阶绿，草色入帘青。谈笑有鸿儒，往来无白丁。可以调素琴，阅金经。无丝竹之乱耳，无案牍之劳形。南阳诸葛庐，西蜀子云亭，孔子云："何陋之有？"

明 文征明《浒溪草堂图》

刘禹锡（772年—842年），字梦得，唐朝文学家、哲学家。

铭：古代刻在器物上用来警戒自己或称颂功德的文字，后来成为一种文体。

调素琴：弹奏不加装饰的琴。

案牍（dú）：官府的公文，文书。

ài lián shuō

爱莲说

zhōu dūn yí sòng

周敦颐（宋）

shuǐ lù cǎo mù zhī huā kě ài zhě shèn fān jìn táo yuān

水陆草木之花，可爱者甚蕃。晋陶渊

míng dú ài jú zì lǐ táng lái shì rén shèn ài mǔ dān yú

明独爱菊。自李唐来，世人甚爱牡丹。予

dú ài lián zhī chū yū ní ér bù rǎn zhuó qīng lián ér bù yāo

独爱莲之出淤泥而不染，濯清涟而不妖，

zhōng tōng wài zhí bù màn bù zhī xiāng yuǎn yì qīng tíng tíng jìng

中通外直，不蔓不枝，香远益清，亭亭净

zhí kě yuǎn guān ér bù kě xiè wán yān

植，可远观而不可亵玩焉。

yú wèi jú huā zhī yǐn yì zhě yě mǔ dān huā zhī

予谓菊，花之隐逸者也；牡丹，花之

fù guì zhě yě lián huā zhī jūn zǐ zhě yě yī jú zhī

富贵者也；莲，花之君子者也。噫！菊之

ài táo hòu xiǎn yǒu wén lián zhī ài tóng yú zhě hé rén

爱，陶后鲜有闻；莲之爱，同予者何人？

mǔ dān zhī ài yí hū zhòng yǐ

牡丹之爱，宜乎众矣。

清 唐艾《荷花图》

周敦颐（1017年-1073年），字茂叔，谥号元公，宋朝儒家理学的开山鼻祖，文学家、哲学家。

蕃：多。甚爱：一作盛爱。

予（yú）：我。

濯（zhuó）：洗涤。

清涟（lián）：水清而有微波。

蔓：名词动用，生枝蔓。

亵（xiè）：亲近而不庄重。

chūn yè yàn cóng dì táo huā yuán xù

春夜宴从弟桃花园序

lǐ bái táng

李白（唐）

fū tiān dì zhě wàn wù zhī nì lǚ yě guāng yīn zhě

夫天地者，万物之逆旅也；光阴者，

bǎi dài zhī guò kè yě ér fú shēng ruò mèng wéi huān jǐ hé

百代之过客也。而浮生若梦，为欢几何？

gǔ rén bǐng zhú yè yóu liáng yǒu yǐ yě kuàng yáng chūn zhào wǒ yǐ

古人秉烛夜游，良有以也。况阳春召我以

yān jǐng dà kuài jiǎ wǒ yǐ wén zhāng huì táo huā zhī fāng yuán

烟景，大块假我以文章。会桃花之芳园，

xù tiān lún zhī lè shì qún jì jùn xiù jiē wéi huì lián wú

序天伦之乐事。群季俊秀，皆为惠连；吾

rén yǒng gē dú cán kāng lè yōu shǎng wèi yǐ gāo tán zhuǎn qīng

人咏歌，独惭康乐。幽赏未已，高谈转清。

kāi qióng yán yǐ zuò huā fēi yǔ shāng ér zuì yuè bù yǒu jiā yǒng

开琼筵以坐花，飞羽觞而醉月。不有佳咏，

hé shēn yǎ huái rú shī bù chéng fá yī jīn gǔ jiǔ shù

何伸雅怀？如诗不成，罚依金谷酒数。

宋 马远《月下把杯图》

李白（701年 – 762年），字太白，号青莲居士，又号“谪仙人”，是唐代伟大的浪漫主义诗人，被后人誉为“诗仙”。 与杜甫并称“大李杜”。

从弟：堂弟。逆旅：客舍。群季：各位弟弟。

琼筵（yán）：华美的宴席。羽觞（shāng）：古代一种鸟雀状酒器。

金谷酒数：古代金谷园的规矩，如果宴会中的某人写不出诗，罚酒三觞。

yuè yáng lóu jì jié xuǎn

岳阳楼记（节选）

fàn zhòng yān sòng

范仲淹（宋）

jiē fū yú cháng qiú gǔ rén rén zhī xīn huò yì èr

嗟夫！予尝求古仁人之心，或异二

zhě zhī wéi hé zāi bù yǐ wù xǐ bù yǐ jǐ bēi

者之为。何哉？不以物喜，不以己悲；

jū miào táng zhī gāo zé yōu qí mín chǔ jiāng hú zhī yuǎn zé

居庙堂之高则忧其民；处江湖之远则

yōu qí jūn shì jìn yì yōu tuì yì yōu rán zé hé

忧其君。是进亦忧，退亦忧。然则何

shí ér lè yé qí bì yuē xiān tiān xià zhī yōu ér

时而乐耶？其必曰："先天下之忧而

yōu hòu tiān xià zhī lè ér lè hū yī wēi sī

忧，后天下之乐而乐"乎。噫！微斯

rén wú shuí yǔ guī

人，吾谁与归？

明 沈周《两江名胜图》

范仲淹（989年—1052年），字希文，谥号文正，北宋名臣，政治家，文学家。

嗟（jiē）夫：唉。两字皆为语气词。

尝：曾经。

庙堂：指朝廷。

微：没有。

dá xiè zhōng shū shū

答谢中书书

táo hóng jǐng nán cháo liáng)

陶弘景(南朝·梁)

shān chuān zhī měi gǔ lái gòng tán gāo fēng rù

山川之美，古来共谈。高峰入

yún qīng liú jiàn dǐ liǎng àn shí bì wǔ sè jiāo

云，清流见底。两岸石壁，五色交

huī qīng lín cuì zhú sì shí jù bèi xiǎo wù jiāng

辉。青林翠竹，四时俱备。晓雾将

xiē yuán niǎo luàn míng xī rì yù tuí chén lín jìng

歇，猿鸟乱鸣；夕日欲颓，沉鳞竞

yuè shí shì yù jiè zhī xiān dū zì kāng lè yǐ lái

跃，实是欲界之仙都，自康乐以来，

wèi fù yǒu néng yù qí qí zhě

未复有能与其奇者。

明 仇英《蓬莱仙境》

陶弘景（456—536年），字通明，南朝梁时医药家、炼丹家、文学家，人称“山中宰相”。

谢中书：即谢微（一说谢徵），曾任中书鸿胪。颓：坠落。

沉鳞：潜游在水中的鱼。康乐：指南朝著名山水诗人谢灵运，被封康乐公。

与（yù）：参与，这里有欣赏之意。

shēng yú yōu huàn sǐ yú ān lè

生于忧患，死于安乐

jié xuǎn zì mèng zǐ gào zǐ xià

（节选自《孟子·告子下》）

mèng zǐ zhàn guó

孟子（战国）

gù tiān jiāng jiàng dà rèn yú shì rén yě bì xiān kǔ qí xīn

故天将降大任于是人也，必先苦其心

zhì láo qí jīn gǔ è qí tǐ fū kōng fá qí shēn

志，劳其筋骨，饿其体肤，空乏其身，

xíng fú luàn qí suǒ wéi suǒ yǐ dòng xīn rěn xìng zēng yì qí

行拂乱其所为，所以动心忍性，曾益其

suǒ bù néng

所不能。

rén héng guò rán hòu néng gǎi kùn yú xīn héng yú lǜ ér

人恒过然后能改，困于心衡于虑而

hòu zuò zhēng yú sè fā yú shēng ér hòu yù rù zé wú fǎ

后作，征于色发于声而后喻。入则无法

jiā bì shì chū zé wú dí guó wài huàn zhě guó héng wáng

家拂士，出则无敌国外患者，国恒亡。

rán hòu zhī shēng yú yōu huàn ér sǐ yú ān lè yě

然后知生于忧患，而死于安乐也。

明 唐寅《桃花庵诗图》

孟子(约前372年-前289年)，名轲，战国时期思想家、教育家，儒家学派的代表人物，与孔子并称“孔孟”。

拂（fú）：违背。乱：错乱。拂乱都是使动用法。

曾：同“增”，增加。衡：同“横”，指不顺。征，征兆。色：面色。

喻：知晓，明白。拂（bì）士：辅佐君主的贤士。拂，通“弼”，辅佐。拂：同“弼”，辅佐。

xiāo yáo yóu jié xuǎn

逍遥游（节选）

zhuāng zǐ zhàn guó

庄子（战国）

běi míng yǒu yú qí míng wéi kūn kūn zhī dà bù zhī qí jǐ qiān lǐ yě huà
北冥有鱼，其名为鲲。鲲之大，不知其几千里也；化
ér wéi niǎo qí míng wéi péng péng zhī bèi bù zhī qí jǐ qiān lǐ yě nù ér fēi qí
而为鸟，其名为鹏。鹏之背，不知其几千里也；怒而飞，其
yì ruò chuí tiān zhī yún shì niǎo yě hǎi yùn zé jiāng xǐ yú nán míng nán míng zhě tiān chí
翼若垂天之云。是鸟也，海运则将徙于南冥，南冥者，天池
yě
也。

tāng zhī wèn jí yě shì yǐ qióng fā zhī běi yǒu míng hǎi zhě tiān chí yě yǒu yú
汤之问棘也是已。穷发之北，有冥海者，天池也。有鱼
yān qí guǎng shù qiān lǐ wèi yǒu zhī qí xiū zhě qí míng wéi kūn yǒu niǎo yān qí míng
焉，其广数千里，未有知其修者，其名为鲲。有鸟焉，其名
wéi péng bèi ruò tài shān yì ruò chuí tiān zhī yún tuán fú yáo yáng jiǎo ér shàng zhě jiǔ wàn lǐ
为鹏。背若泰山，翼若垂天之云；抟扶摇羊角而上者九万里，
jué yún qì fù qīng tiān rán hòu tú nán qiě shì nán míng yě chì ān xiào zhī yuē bǐ
绝云气，负青天，然后图南且适南冥也。斥鴳笑之曰：“彼
qiě xī shì yě wǒ téng yuè ér shàng bù guò shù rèn ér xià áo xiáng péng hāo zhī jiān cǐ
且奚适也！我腾跃而上，不过数仞而下，翱翔蓬蒿之间，此
yì fēi zhī zhì yě ér bǐ qiě xī shì yě cǐ xiǎo dà zhī biàn yě
亦飞之至也。而彼且奚适也。”此小大之辩也。

清　梅清《敬亭山水》

庄子（约前369年～前286年），名周，战国时期著名的思想家、哲学家和文学家。道家学派的主要代表，与老子并称“老庄”。

逍遥游：闲适自得、无拘无束的样子。北冥：北海，海水深黑。鲲（kūn）：本义小鱼。在此被借用指大鱼。
汤：商朝的建立者。棘：人名，传为商汤的大夫。穷发：草木不生的地方。抟（tuán）：盘旋上升。
羊角：像羚羊角的旋风。绝：超越。斥鴳（yàn）：池泽中的一种小鸟。蓬蒿（péng hāo）：蓬木蒿草。
至：极致。

shě shēng qǔ yì

舍生取义

jié xuǎn zì mèng zǐ gào zǐ xià

（节选自《孟子·告子下》）

mèng zǐ zhàn guó

孟子（战国）

yú wǒ suǒ yù yě xióng zhǎng yì wǒ suǒ yù yě èr zhě bù kě

鱼，我所欲也，熊掌，亦我所欲也，二者不可

dé jiān shě yú ér qǔ xióng zhǎng zhě yě shēng yì wǒ suǒ yù yě yì

得兼，舍鱼而取熊掌者也。生，亦我所欲也，义，

yì wǒ suǒ yù yě èr zhě bù kě dé jiān shě shēng ér qǔ yì zhě yě shēng

亦我所欲也，二者不可得兼，舍生而取义者也。生

yì wǒ suǒ yù suǒ yù yǒu shèn yú shēng zhě gù bù wéi gǒu dé yě sǐ yì

亦我所欲，所欲有甚于生者，故不为苟得也。死亦

wǒ suǒ wù suǒ wù yǒu shèn yú sǐ zhě gù huàn yǒu suǒ bù bì yě rú shǐ

我所恶，所恶有甚于死者，故患有所不避也。如使

rén zhī suǒ yù mò shèn yú shēng zé fán kě yǐ dé shēng zhě hé bù yòng yě shǐ

人之所欲莫甚于生，则凡可以得生者何不用也？使

rén zhī suǒ wù mò shèn yú sǐ zhě zé fán kě yǐ bì huàn zhě hé bù wéi yě

人之所恶莫甚于死者，则凡可以避患者何不为也？

yóu shì zé shēng ér yǒu bù yòng yě yóu shì zé kě yǐ bì huàn ér yǒu bù wéi yě

由是则生而有不用也，由是则可以避患而有不为也。

shì gù suǒ yù yǒu shèn yú shēng zhě suǒ wù yǒu shèn yú sǐ zhě fēi dú xián zhě

是故所欲有甚于生者，所恶有甚于死者。非独贤者

yǒu shì xīn yě rén jiē yǒu zhī xián zhě néng wù sàng ěr

有是心也，人皆有之，贤者能勿丧耳。

孟子(约前372年-前289年)，名轲，战国时期思想家、教育家，儒家学派的代表人物，与孔子并称“孔孟”。

清 朱耷《荷花小鸟图》

得兼：都得到。甚：胜于。
苟得：苟且取得。
辟：通“避”，躲避。
是故：这是因为。

quàn xué jié xuǎn

劝学（节选）

xún zǐ zhàn guó

荀子（战国）

wú cháng zhōng rì ér sī yǐ bù rú xū yú zhī suǒ xué yě wú cháng qǐ ér wàng yǐ
吾尝终日而思矣，不如须臾之所学也；吾尝跂而望矣，
bù rú dēng gāo zhī bó jiàn yě dēng gāo ér zhāo bì fēi jiā cháng yě ér jiàn zhě yuǎn
不如登高之博见也。登高而招，臂非加长也，而见者远。
shùn fēng ér hū shēng fēi jiā jí yě ér wén zhě zhāng jiǎ yú mǎ zhě fēi lì zú yě
顺风而呼，声非加疾也，而闻者彰。假舆马者，非利足也，
ér zhì qiān lǐ jiǎ zhōu jí zhě fēi néng shuǐ yě ér jué jiāng hé jūn zǐ shēng fēi yì
而致千里；假舟楫者，非能水也，而绝江河。君子生非异
yě shàn jiǎ yú wù yě
也，善假于物也。

jī tǔ chéng shān fēng yǔ xìng yān jī shuǐ chéng yuān jiāo lóng shēng yān jī shàn chéng
积土成山，风雨兴焉；积水成渊，蛟龙生焉；积善成
dé ér shén míng zì dé shèng xīn bèi yān gù bù jī kuǐ bù wú yǐ zhì qiān lǐ
德，而神明自得，圣心备焉。故不积跬步，无以至千里；
bù jī xiǎo liú wú yǐ chéng jiāng hǎi qí jì yī yuè bù néng shí bù nú mǎ shí jià
不积小流，无以成江海。骐骥一跃，不能十步；驽马十驾，
gōng zài bù shě qiè ér shě zhī xiǔ mù bù shé qiè ér bù shě jīn shí kě lòu
功在不舍。锲而舍之，朽木不折；锲而不舍，金石可镂。
yǐn wú zhǎo yá zhī lì jīn gǔ zhī qiáng shàng shí āi tǔ xià yǐn huáng quán yòng xīn yī
蚓无爪牙之利，筋骨之强，上食埃土，下饮黄泉，用心一
yě xiè liù guì ér èr áo fēi shé shàn zhī xué wú kě jì tuō zhě yòng xīn zào yě。
也。蟹六跪而二螯，非蛇蟺之穴无可寄托者，用心躁也。

宋 苏汉臣《冬庭婴戏图》

荀子（约前313 ~ 前238），名况，战国后期思想家、文学家、政治家。

须臾(yú)：片刻，一会儿。跂（qǐ）：踮起脚后跟。疾：声音宏大。彰：明显，清楚。假：凭借。
跬（kuǐ）：古代称跨出一脚为“跬”，跨两脚为“步”。骐骥(qí jì)：骏马。驽马：劣马。
锲(qiè)：用刀雕刻。镂：在金属上雕刻。六跪：六条腿。蟹实际上是八条腿。
螯（áo）：螃蟹的钳子。躁：浮躁，不专心.

zhì xiǎo qiū xī xiǎo shí tán jì jié xuǎn

至小丘西小石潭记（节选）

liǔ zōng yuán táng

柳宗元（唐）

cóng xiǎo qiū xī xíng bǎi èr shí bù gé huáng zhú wén shuǐ shēng rú míng
从小丘西行百二十步，隔篁竹，闻水声，如鸣
pèi huán xīn lè zhī fá zhú qǔ dào xià jiàn xiǎo tán shuǐ yóu qīng liè
珮环，心乐之。伐竹取道，下见小潭，水尤清冽。
quán shí yǐ wéi dǐ jìn àn juǎn shí dǐ yǐ chū wéi dǐ wéi yǔ wéi kān wéi
全石以为底，近岸卷石底以出，为坻为屿，为嵁为
yán qīng shù cuì màn méng luò yáo zhuì cēn cī pī fú tán zhōng yú kě bǎi
岩。青树翠蔓，蒙络摇缀，参差披拂。潭中鱼可百
xǔ tóu jiē ruò kōng yóu wú suǒ yī rì guāng xià chè yǐng bù shí shàng yǐ
许头，皆若空游无所依。日光下澈，影布石上，佁
rán bù dòng chù ěr yuǎn shì wǎng lái xī hū sì yǔ yóu zhě xiāng lè
然不动；俶尔远逝；往来翕忽，似与游者相乐。

tán xī nán ér wàng dǒu zhé shé xíng míng miè kě jiàn qí àn shì quǎn
潭西南而望，斗折蛇行，明灭可见。其岸势犬
yá cī hù bù kě zhī qí yuán zuò tán shàng sì miàn zhú shù huán hé jì
牙差互，不可知其源。坐潭上，四面竹树环合，寂
liáo wú rén qī shén hán gǔ qiǎo chuàng yōu suì yǐ qí jìng guò qīng bù kě
寥无人，凄神寒骨，悄怆幽邃。以其境过清，不可
jiǔ jū nǎi jì zhī ér qù
久居，乃记之而去。

清 吕焕成《山水图》

柳宗元（773年－819年），字子厚，唐代杰出诗人，哲学家，儒学家，政治家，唐宋八大家之一。

篁（huáng）竹：竹林。佩环：玉质装饰物。

坻（chí），屿，嵁（kān），岩：不同地形。坻，水中高地。屿，小岛。嵁，不平的岩石。岩，悬崖。

翠蔓：翠绿的藤蔓。蒙络摇缀，参差披拂：覆盖缠绕，摇动下垂，参差不齐，随风飘动。

佁（yǐ）然：呆呆的样子。俶（chù）：忽然。翕（xī）忽：轻快敏捷。差（cī）互：互相交错。

悄（qiǎo）怆（chuàng）：忧伤的样子。邃（suì ）：深。

shī shuō jié xuǎn

师说（节选）

hán yù táng

韩愈（唐）

gǔ zhī xué zhě bì yǒu shī shī zhě suǒ yǐ chuán dào shòu yè jiě huò
古之学者必有师。师者，所以传道、受业、解惑
yě rén fēi shēng ér zhī zhī zhě shú néng wú huò huò ér bù cóng shī qí wéi
也。人非生而知之者，孰能无惑？惑而不从师，其为
huò yě zhōng bù jiě yǐ shēng hū wú qián qí wén dào yě gù xiān hū wú wú cóng
惑也终不解矣。生乎吾前，其闻道也固先乎吾，吾从
ér shī zhī shēng hū wú hòu qí wén dào yě yì xiān hū wú wú cóng ér shī zhī。
而师之；生乎吾后，其闻道也亦先乎吾，吾从而师之。
wú shī dào yě fū yōng zhī qí nián zhī xiān hòu shēng yú wú hū shì gù wú guì wú
吾师道也，夫庸知其年之先后生于吾乎？是故无贵无
jiàn wú zhǎng wú shào dào zhī suǒ cún shī zhī suǒ cún yě
贱，无长无少，道之所存，师之所存也。

shèng rén wú cháng shī kǒng zǐ shī tán zǐ cháng hóng shī xiāng lǎo dān
圣人无常师。孔子师郯子、苌弘、师襄、老聃。
tán zǐ zhī tú qí xián bù jí kǒng zǐ kǒng zǐ yuē sān rén xíng zé bì
郯子之徒，其贤不及孔子。孔子曰：“三人行，则必
yǒu wǒ shī shì gù dì zǐ bù bì bù rú shī shī bù bì xián yú dì zǐ
有我师。”是故弟子不必不如师，师不必贤于弟子，
wén dào yǒu xiān hòu shù yè yǒu zhuān gōng rú shì ér yǐ
闻道有先后，术业有专攻，如是而已。

明 仇英《孔子圣绩图》之《退修琴书图》

韩愈（768年—824年），字退之，唐代杰出的文学家、思想家、哲学家、政治家。

庸：难道。常：固定的。郯（tán）子：春秋时郯国国君，传孔子曾向他请教官职。

苌（cháng）弘：东周大夫，传孔子曾向他请教古乐。师襄：春秋时鲁国乐官，传孔子曾向他学琴。

老聃（dān）：老子，李耳，春秋时楚国人，思想家，道家学派创始人。传孔子曾向他学习周礼。

攻：专门研究。

dé dào duō zhù shī dào guǎ zhù

得道多助，失道寡助

jié xuǎn zì mèng zǐ gōng sūn chǒu xià

（节选自《孟子·公孙丑下》）

mèng zǐ zhàn guó

孟子（战国）

mèng zǐ yuē tiān shí bù rú dì lì dì lì bù rú rén hé

孟子曰：天时不如地利，地利不如人和。

sān lǐ zhī chéng qī lǐ zhī guō huán ér gōng zhī ér bù shèng fū huán ér

三里之城，七里之郭，环而攻之而不胜。夫环而

gōng zhī bì yǒu dé tiān shí zhě yǐ rán ér bù shèng zhě shì tiān shí bù rú dì

攻之，必有得天时者矣，然而不胜者，是天时不如地

lì yě

利也。

chéng fēi bù gāo yě chí fēi bù shēn yě bīng gé fēi bù jiān lì yě mǐ

城非不高也，池非不深也，兵革非不坚利也，米

sù fēi bù duō yě wěi ér qù zhī shì dì lì bù rú rén hé yě

粟非不多也，委而去之，是地利不如人和也。

gù yuē yù mín bù yǐ fēng jiāng zhī jiè gù guó bù yǐ shān xī zhī xiǎn

故曰，域民不以封疆之界，固国不以山溪之险，

wēi tiān xià bù yǐ bīng gé zhī lì dé dào zhě duō zhù shī dào zhě guǎ zhù guǎ

威天下不以兵革之利。得道者多助，失道者寡助。寡

zhù zhī zhì qīn qī pàn zhī duō zhù zhī zhì tiān xià shùn zhī yǐ tiān xià zhī

助之至，亲戚畔之。多助之至，天下顺之。以天下之

suǒ shùn gōng qīn qī zhī suǒ pàn gù jūn zǐ yǒu bù zhàn zhàn bì shèng yǐ 。

所顺，攻亲戚之所畔，故君子有不战，战必胜矣。

清 陈卓《石城图》

孟子(约前372年-前289年)，名轲，战国时期思想家、教育家，儒家学派的代表人物，与孔子并称“孔孟”。

郭：外城，城外加筑的城墙。

兵革：泛指武器装备。委：抛弃。

道：正义。畔：通“叛”，背叛。

wèn shuō jié xuǎn

问说（节选）

liú kāi qīng

刘开（清）

jūn zǐ zhī xué bì hào wèn wèn yǔ xué xiāng fǔ ér xíng zhě yě fēi
君子之学必好问。问与学，相辅而行者也。非
xué wú yǐ zhì yí fēi wèn wú yǐ guǎng shí hào xué ér bù qín wèn fēi zhēn
学无以致疑，非问无以广识；好学而不勤问，非真
néng hào xué zhě yě lǐ míng yǐ ér huò bù dá yú shì shí qí dà yǐ
能好学者也。理明矣，而或不达于事；识其大矣，
ér huò bù zhī qí xì shě wèn qí xī jué yān
而或不知其细，舍问，其奚决焉？

zhì zhě qiān lǜ, bì yǒu yī shī shèng rén suǒ bù zhī wèi bì bù wéi
智者千虑，必有一失。圣人所不知，未必不为
yú rén zhī suǒ zhī yě yú rén zhī suǒ néng wèi bì fēi shèng rén zhī suǒ bù néng
愚人之所知也；愚人之所能，未必非圣人之所不能
yě lǐ wú zhuān zài ér xué wú zhǐ jìng yě rán zé wèn kě shǎo yé
也。理无专在，而学无止境也，然则问可少耶？
zhōu lǐ wài cháo yǐ xún wàn mín guó zhī zhèng shì shàng wèn jí shù rén
《周礼》，外朝以询万民，国之政事尚问及庶人，
, shì gù guì kě yǐ wèn jiàn xián kě yǐ wèn bù xiāo ér lǎo kě yǐ wèn yòu
是故贵可以问贱，贤可以问不肖，而老可以问幼，
wéi dào zhī suǒ chéng ér yǐ yǐ
唯道之所成而已矣。

清 王翚《仿唐寅竹溪高逸图》

刘开（1784—1824），字明东，又字方来，清代散文家。

或：可能。达：通晓，通达。舍问：放弃提问。
奚：何，怎么 。不屑：不重视，轻视。

sòng hé tài xū běi yóu xù jié xuǎn

送何太虚北游序（节选）

wú chéng yuán

吴澄（元）

shì kě yǐ yóu hū bù chū hù zhī tiān xià hé yǐ yóu wéi zāi shì kě yǐ bù yóu hū nán zǐ shēng ér shè liù shǐ shì yǒu zhì hū shàng xià sì fāng yě ér hé kě yǐ bù yóu yě

士可以游乎？“不出户，知天下”，何以游为哉！士可以不游乎？男子生而射六矢，示有志乎上下四方也，而何可以不游也？

shì xíng yě jiāo cóng rì yǐ guǎng lì shè rì yǐ shú shí rì cháng ér zhì rì qǐ jì shèng xián zhī jì ér xīn qí xīn bì zhī shì zhī wéi shì dài bù zhǐ yú yán jīng zhuì wén gōng shī shàn shū yě wén jiàn jiāng yù duō ér yù guǎ yù yǒu yú ér yù bù zú zé tiān dì wàn wù zhī jiē bèi yú wǒ zhě zhēn kě yǐ bù chū hù ér zhī shì zhī yě fēi lǎo shì zhī zhī yě rú shì ér yóu guāng qián jué hòu zhī yóu yǐ yú jiāng yú shì hū guān。

是行也，交从日以广，历涉日以熟，识日长而志日起。迹圣贤之迹而心其心，必知士之为士，殆不止于研经缀文工诗善书也。闻见将愈多而愈寡，愈有余而愈不足，则天地万物之皆备于我者，真可以不出户而知。是知也，非老氏之知也。如是而游，光前绝后之游矣，余将于是乎观。

明 仇英《浔阳送别图》

吴澄（1249年—1333年），字幼清，晚字伯清，元代理学家、经学家、教育家。

矢：箭

殆（dài）：表肯定，当然。

闻见将愈多而愈寡，愈有余而愈不足：见识知道的越多越知道（自己）的不足。

lán tíng jí xù jié xuǎn

兰亭集序（节选）

wáng xī zhī dōng jìn

王羲之（东晋）

fū rén zhī xiāng yǔ fǔ yǎng yī shì huò qǔ zhū huái bào wù yán yī shì
夫人之相与，俯仰一世。或取诸怀抱，晤言一室
zhī nèi huò yīn jì suǒ tuō fàng làng xíng hái zhī wài suī qǔ shě wàn shū jìng
之内；或因寄所托，放浪形骸之外。虽趣舍万殊，静
zào bù tóng dāng qí xīn yú suǒ yù zàn dé yú jǐ kuài rán zì zú bù zhī
躁不同，当其欣于所遇，暂得于己，快然自足，不知
lǎo zhī jiāng zhì jí qí suǒ zhī jì juàn qíng suí shì qiān gǎn kǎi xì zhī yǐ
老之将至。及其所之既倦，情随事迁，感慨系之矣。
xiàng zhī suǒ xīn fǔ yǎng zhī jiān yǐ wéi chén jì yóu bù néng bù yǐ zhī xīng huái
向之所欣，俯仰之间，已为陈迹，犹不能不以之兴怀。
kuàng xiū duǎn suí huà zhōng qī yú jìn gǔ rén yún sǐ shēng yì dà yǐ
况修短随化，终期于尽。古人云：“死生亦大矣！”
qǐ bù tòng zāi
岂不痛哉！

měi lǎn xī rén xīng gǎn zhī yóu ruò hé yī qì wèi cháng bù lín wén jiē dào
每览昔人兴感之由，若合一契，未尝不临文嗟悼，
bù néng yù zhī yú huái gù zhī yī sǐ shēng wéi xū dàn qí péng shāng wéi wàng zuò
不能喻之于怀。固知一死生为虚诞，齐彭殇为妄作。
hòu zhī shì jīn yì yóu jīn zhī shì xī bēi fū
后之视今，亦犹今之视昔，悲夫！

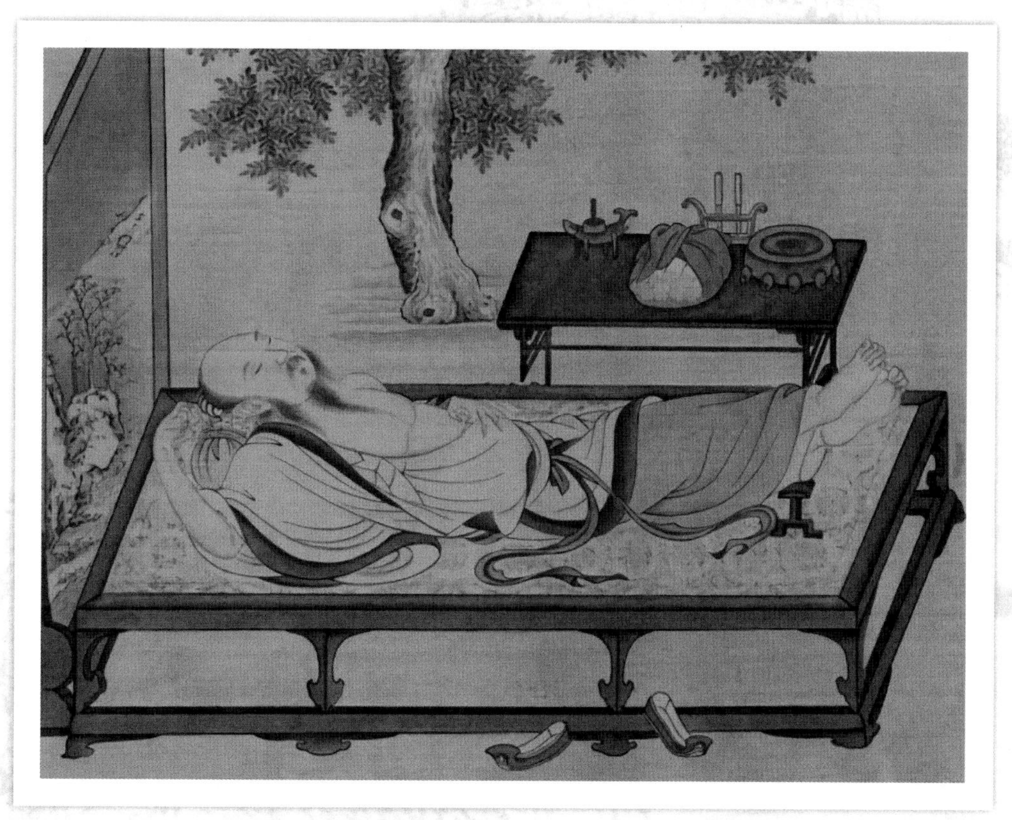

宋 佚名《槐荫消夏图》

王羲之（303年—361年），字逸少，东晋著名书法家，有“书圣”之称。

相与：相处、交往。俯仰：表时间短暂。悟：通“晤”，指妙悟之言。

形骸：身体、形体。趣舍：指爱好。万殊：千差万别。

契：古代的一种信物，刻上字后，一分为二，各执一半，以为凭证。

嗟（jiē）悼：叹息哀伤。临，面对。喻：明白。

一死生：把死和生等同起来。齐彭殇：把长寿和短命等同起来。

mǎ shuō

马说

hán yù táng

韩愈（唐）

shì yǒu bó lè rán hòu yǒu qiān lǐ mǎ qiān lǐ mǎ cháng yǒu ér bó lè
世有伯乐，然后有千里马。千里马常有，而伯乐
bù cháng yǒu gù suī yǒu míng mǎ zhǐ rǔ yú nú lì rén zhī shǒu pián sǐ yú cáo
不常有，故虽有名马，只辱於奴隶人之手，骈死於槽
lì zhī jiān bù yǐ qiān lǐ chēng yě
枥之间，不以千里称也。

mǎ zhī qiān lǐ zhě yī shí huò jìn sù yī dàn sì mǎ zhě bù zhī qí
马之千里者，一食或尽粟一石。食马者，不知其
néng qiān lǐ ér sì yě shì mǎ yě suī yǒu qiān lǐ zhī néng shí bù bǎo lì
能千里而食也；是马也，虽有千里之能，食不饱，力
bù zú cái měi bù wài xiàn qiě yù yǔ cháng mǎ děng bù kě dé ān qiú qí néng
不足，才美不外见，且欲与常马等不可得，安求其能
qiān lǐ yě
千里也？

cè zhī bù yǐ qí dào sì zhī bù néng jìn qí cái míng zhī ér bù néng tōng
策之不以其道，食之不能尽其才，鸣之而不能通
qí yì zhí cè ér lín zhī yuē tiān xià wú mǎ wū hū qí zhēn wú
其意，执策而临之曰：“天下无马！”呜呼！其真无
mǎ yé qí zhēn bù zhī mǎ yě
马邪？其真不知马也！

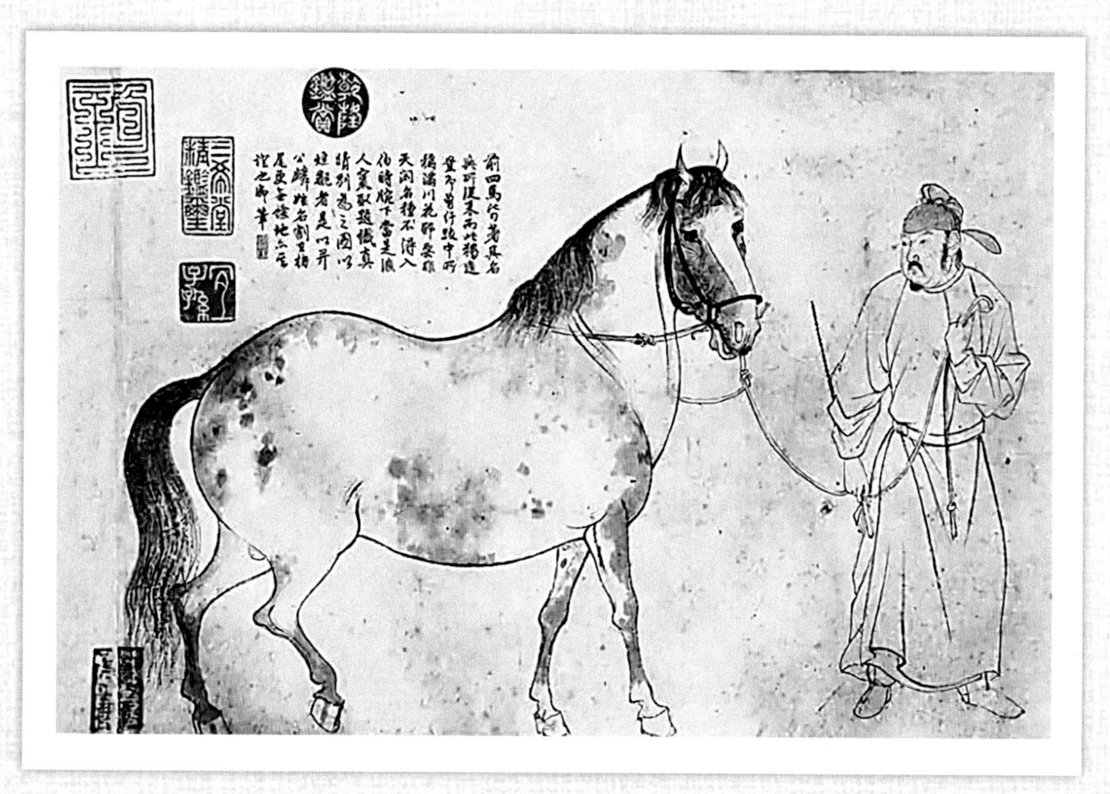

宋 李公麟《五马图》

韩愈（768年—824年），字退之，唐代杰出的文学家、思想家、哲学家、政治家，唐宋八大家之一。

伯乐：春秋时人，本名孙阳，擅长相马。现指能够发现人才的人。祇：只是。

骈（pián）：两马并驾。槽：喂牲口用的马槽。枥（lì）：马棚、马厩。

食：文中除“一食”和“食不饱”的“食”念shí，其余的“食”都念sì，通“饲”。

或：有时。尽粟（sù）一石（dàn）：吃尽一石粟。石：计量单位，十斗为一石。

见：同“现”，表露。策：鞭打。邪（yé）：通“耶”，表疑问，“吗”。

péng dǎng lùn jié xuǎn

朋党论（节选）

ōu yáng xiū sòng

欧阳修（宋）

dà fán jūn zǐ yǔ jūn zǐ yǐ tóng dào wéi péng xiǎo rén yǔ xiǎo rén yǐ tóng lì wéi péng cǐ zì rán zhī lǐ yě

大凡君子与君子以同道为朋，小人与小人以同利为朋，此自然之理也。

rán chén wèi xiǎo rén wú péng wéi jūn zǐ zé yǒu zhī qí gù hé zāi xiǎo rén suǒ hào zhě lù lì yě suǒ tān zhě cái huò yě dāng qí tóng lì zhī shí zàn xiāng dǎng yǐn yǐ wéi péng zhě wěi yě jí qí jiàn lì ér zhēng xiān huò lì jìn ér Jiāo shū zé fǎn xiāng zéi hài suī qí xiōng dì qīn qī bù néng xiāng bǎo gù chén wèi xiǎo rén wú péng qí zàn wéi péng zhě wěi yě jūn zǐ zé bù rán suǒ shǒu zhě dào yì suǒ xíng zhě zhōng xìn suǒ xī zhě míng jié yǐ zhī xiū shēn zé tóng dào ér xiāng yì yǐ zhī shì guó zé tóng xīn ér gòng jì zhōng shǐ rú yī cǐ jūn zǐ zhī péng yě gù wéi rén jūn zhě dàn dāng tuì xiǎo rén zhī wěi péng yòng jūn zǐ zhī zhēn péng zé tiān xià zhì yǐ

然臣谓小人无朋，惟君子则有之。其故何哉？小人所好者禄利也，所贪者财货也。当其同利之时，暂相党引以为朋者，伪也；及其见利而争先，或利尽而交疏，则反相贼害，虽其兄弟亲戚，不能相保。故臣谓小人无朋，其暂为朋者，伪也。君子则不然。所守者道义，所行者忠信，所惜者名节。以之修身，则同道而相益；以之事国，则同心而共济；终始如一，此君子之朋也。故为人君者，但当退小人之伪朋，用君子之真朋，则天下治矣。

清 金廷标《竹溪六逸图》

欧阳修（1007年－1072年），字永叔，号醉翁，北宋政治家、文学家，唐宋八大家”之一。

大凡：大体上。党引：勾结。

之：指代上文的“道义”、“忠信”、“名节”。

济：取得成功。

退：排斥，去除。

yīng xióng zhī yán

英雄之言

luó yǐn táng

罗隐（唐）

wù zhī suǒ yǐ yǒu tāo huì zhě fáng hū dào yě gù rén yì rán

物之所以有韬晦者，防乎盗也。故人亦然。

fū dào yì rén yě guān jù yān yī fú yān qí suǒ yǐ yì zhě tuì

夫盗亦人也，冠屦焉，衣服焉。其所以异者，退

xùn zhī xīn zhèng lián zhī jié bù cháng qí xìng ěr shì yù bó ér qǔ zhī

逊之心、正廉之节，不常其性耳。视玉帛而取之

zhě zé yuē qiān yú hán è shì jiā guó ér qǔ zhī zhě zé yuē jiù bǐ

者，则曰牵于寒饿；视家国而取之者，则曰救彼

tú tàn qiān yú hán è zhě wú dé ér yán yǐ jiù bǐ tú tàn zhě

涂炭。牵于寒饿者，无得而言矣。救彼涂炭者，

zé yí yǐ bǎi xìng xīn wéi xīn ér xī liú zé yuē jū yí rú

则宜以百姓心为心。而西刘则曰：“居宜如

shì chǔ jí zé yuē kě qǔ ér dài yì bǐ wèi bì wú tuì

是”，楚籍则曰“可取而代”。意彼未必无退

xùn zhī xīn zhèng lián zhī jié gài yǐ shì qí mí màn jiāo chóng rán hòu shēng

逊之心、正廉之节，盖以视其靡曼骄崇，然后生

qí móu ěr wéi yīng xióng zhě yóu ruò shì kuàng cháng rén hū shì yǐ jùn yǔ

其谋耳。为英雄者犹若是，况常人乎？是以峻宇

yì yóu bù wéi rén suǒ kuī zhě xiān yě

逸游，不为人所窥者，鲜也。

明 仇英《人物画》

罗隐（833年－909年），字昭谏，唐代诗人。

韬晦：隐藏不露。冠屦（jù）：名词动用，指戴帽穿鞋。

牵于：受制于。涂炭：泥土和火炭，指困苦。西刘：指汉高祖刘邦。

楚籍：西楚霸王项羽。盖：可能是、大概是。窥：窥视，此处指想得到。

hòu chì bì fù jié xuǎn

后赤壁赋（节选）

sū shì sòng

苏轼（宋）

yú shì xié jiǔ yǔ yú fù yóu yú chì bì zhī xià jiāng liú yǒu shēng duàn
于是携酒与鱼，复游于赤壁之下。江流有声，断
àn qiān chǐ shān gāo yuè xiǎo shuǐ luò shí chū céng rì yuè zhī jǐ hé ér jiāng
岸千尺；山高月小，水落石出。曾日月之几何，而江
shān bù kě fù shí yǐ
山不可复识矣！

yú nǎi shè yī ér shàng lǚ chán yán pī méng róng jù hǔ bào dēng qiú
予乃摄衣而上，履巉岩，披蒙茸，踞虎豹，登虬
lóng pān qī gǔ zhī wēi cháo fǔ féng yí zhī yōu gōng gài èr kè bù néng cóng yān
龙，攀栖鹘之危巢，俯冯夷之幽宫。盖二客不能从焉。
huá rán cháng xiào cǎo mù zhèn dòng shān míng gǔ yìng fēng qǐ shuǐ yǒng yú yì qiǎo
划然长啸，草木震动，山鸣谷应，风起水涌。予亦悄
rán ér bēi sù rán ér kǒng lǐn hū qí bù kě liú yě fǎn ér dēng zhōu fàng
然而悲，肃然而恐，凛乎其不可留也。反而登舟，放
hū zhōng liú tīng qí suǒ zhǐ ér xiū yān
乎中流，听其所止而休焉。

shí yè jiāng bàn sì gù jì liáo shì yǒu gū hè héng jiāng dōng lái chì
时夜将半，四顾寂寥。适有孤鹤，横江东来。翅
rú chē lún xuán cháng gǎo yī jiá rán cháng míng lüè yú zhōu ér xī yě
如车轮，玄裳缟衣，戛然长鸣，掠予舟而西也。

金 武元直《赤壁图》

苏轼（1037年－1101年），字子瞻，号东坡居士，北宋文学家、书画家、美食家。“唐宋八大家”之一。

摄（shè）衣：提起衣襟．巉（chán）岩：险峻的山崖。蒙茸：杂乱的丛草。
踞（jù）：蹲或坐。虎豹：形似虎豹的山石。鹘（hú）：鹰的一种。
冯夷：水神。玄：黑。缟（gǎo）：白。

guī qù lái xī cí jié xuǎn

归去来兮辞（节选）

táo yuān míng dōng jìn

陶渊明（东晋）

guī qù lái xī tián yuán jiāng wú hú bù guī jì zì yǐ xīn wéi xíng yì

归去来兮，田园将芜胡不归！既自以心为形役，

xī chóu chàng ér dú bēi wù yǐ wǎng zhī bù jiàn zhī lái zhě zhī kě zhuī shí mí

奚惆怅而独悲？悟已往之不谏，知来者之可追。实迷

tú qí wèi yuǎn jué jīn shì ér zuó fēi zhōu yáo yáo yǐ qīng yáng fēng piāo piāo ér

途其未远，觉今是而昨非。舟遥遥以轻飏，风飘飘而

chuī yī wèn zhēng fū yǐ qián lù hèn chén guāng zhī xī wēi

吹衣。问征夫以前路，恨晨光之熹微。

guī qù lái xī qǐng xī jiāo yǐ jué yóu shì yǔ wǒ ér xiāng wéi fù jià

归去来兮，请息交以绝游。世与我而相违，复驾

yán xī yān qiú yuè qīn qī zhī qíng huà lè qín shū yǐ xiāo yōu nóng rén gào yú

言兮焉求！悦亲戚之情话，乐琴书以消忧。农人告余

yǐ chūn jí jiāng yǒu shì yú xī chóu huò mìng jīn chē huò zhào gū zhōu jì yǎo

以春及，将有事于西畴。或命巾车，或棹孤舟。既窈

tiǎo yǐ xún hè yì qí qū ér jīng qiū mù xīn xīn yǐ xiàng róng quán juān juān ér

窕以寻壑，亦崎岖而经丘。木欣欣以向荣，泉涓涓而

shǐ liú shàn wàn wù zhī dé shí gǎn wú shēng zhī xíng xiū

始流。善万物之得时，感吾生之行休。

yǐ yǐ hū yù xíng yǔ nèi fù jǐ shí hé bù wěi xīn rèn qù liú hú wéi

已矣乎！寓形宇内复几时！曷不委心任去留？胡为

hū huáng huáng yù hé zhī fù guì fēi wú yuàn dì xiāng bù kě qī huái liáng chén yǐ

乎遑遑欲何之？富贵非吾愿，帝乡不可期。怀良辰以

gū wǎng huò zhí zhàng ér yún zǐ dēng dōng gāo yǐ shū xiào lín qīng liú ér fù shī

孤往，或植杖而耘耔。登东皋以舒啸，临清流而赋诗。

liáo chéng huà yǐ guī jìn lè fū tiān mìng fù xī yí

聊乘化以归尽，乐天天命复奚疑！

清　石涛《陶渊明诗意图册》

陶渊明（352或365年—427年 ），字元亮，又名潜，东晋末至南朝宋初著名的诗人、辞赋家，中国第一位田园诗人。

胡，奚：同“何”，为什么。役，奴役。谏：劝止。飏（yáng）：飞扬。征夫：此处指行人，不是征兵之人。

熹（xī）微：天未大亮。息交，停止与人交往。有事：指耕种之事，农事。

畴（chóu）：田地。或：有时。巾车：有车帷的小车。棹（zhào）：船桨，名词动用，意为划桨。

窈窕：幽深曲折的样子。壑（hè）：山沟。欣欣，向荣：草木生长茂盛。涓涓：形容细流。

善：欢喜，羡慕。行休，行将结束。遑遑：不安的样子。耘：除草。耔：培苗。皋（gāo）：高地。

Made in the USA
Las Vegas, NV
31 July 2022